SECOND
LIVRET DE LECTURE,

A L'USAGE

DES ÉCOLES PRIMAIRES.

SECOND
LIVRET DE LECTURE,

A L'USAGE

DES ECOLES PRIMAIRES.

Ouvrage autorisé par le Conseil de l'instruction publique.

STRASBOURG,
Chez V.ᵉ Berger-Levrault et Fils, Libraires.
PARIS,
Dépôt général, chez C. Reinwald, Libraire,
Rue des Saints-Pères, 15.
1852.

Toute contrefaçon sera poursuivie.
Seront réputés contrefaits, les exemplaires qui ne porteront pas la signature de l'éditeur-propriétaire.

Strasbourg, imprimerie de V.ᵉ Berger-Levrault.

Tout ce qui est sur la terre est utile : Vous aussi, mes Enfans, soyez utiles.

Considérez tout ce qui se trouve autour de vous dans la maison. Le chien veille devant la porte ; aussitôt que le moindre bruit se fait entendre, il donne l'éveil. Si, pendant la nuit, un voleur se hasarde d'entrer dans la maison, aussitôt il aboie fortement et l'arrête. Le chat guette la souris et l'attrape. La poule nous donne des œufs, l'oie des plumes, dont on fait de bons lits. Le coq vous crie : Lève-toi, car il fait jour.

Suivez-moi à présent à l'écurie. La vache que vous voyez vous donne du lait ; le bœuf traîne la charrue, et c'est aussi de lui qu'on se sert pour amener dans les greniers le foin et le blé.

Vous savez déjà quels services rend

le cheval. De quelle utilité n'est pas la brebis? il n'y a rien en cet animal qui ne nous serve. Même le fumier des animaux est utile : il réchauffe, il nourrit la semence et la fait croître.

Venez, mes enfans, je vais vous conduire dans les champs. Cette prairie nourrit le bétail. Ne voyez-vous pas cette abeille? Tantôt elle va chercher la cire, tantôt elle suce le doux calice des fleurs dont elle tire sa nourriture et le miel qui nous rafraîchit. Ces arbres que vous voyez portent des fruits d'un goût suave. N'entendez-vous pas l'alouette? Voyez comme elle s'élève dans les airs; combien son chant est agréable! Ce sont des actions de grâce qu'elle rend à Dieu! Regardez ce ver, mes enfans, et ne lui faites pas de mal. Mais, direz-vous, est-il aussi de quelque utilité? Sans doute : l'alouette que vous venez d'entendre chanter, a autant de plaisir à le manger, que vous en avez à boire le lait. Et cette forêt, savez-vous bien aussi à quoi elle sert? Quand il fait froid, le bois qu'elle produit nous chauffe, et l'on s'en sert pour construire les habitations. Dites-moi, mes enfans, que fait-on encore du bois? La forêt n'est-elle pas également la retraite des cerfs, des chevreuils, des renards et des blaireaux? Voyez là-bas le lièvre qui traverse les champs; lui aussi est utile! On l'apprête pour le servir sur la table, et avec son poil on fait des chapeaux. Ainsi tout est utile, ce qui est animé, comme ce qui ne l'est pas. Il n'y a rien, sur la terre, dont on ne puisse tirer parti : le chaume est utile, comme le chêne, le ver comme le cheval, le feuillage comme le rocher.

Que nous apprend cela? Que tout ce qui est sur la terre étant utile, vous devez vous rendre aussi utiles que vous le pouvez.

L'homme n'a pas seulement été créé pour vivre, pour manger, pour se reposer et pour ne rien faire. Si déjà, comme nous l'avons vu, l'animal rend tant de services, à plus forte raison combien l'homme n'en doit-il pas rendre, lui, qui vaut beaucoup mieux qu'un arbre, qu'un champ et que l'animal, dont il est le maître et qu'il surpasse en beauté. Et, pour vous en convaincre, vous n'avez qu'à vous considérer vous-mêmes, mes enfans. Votre œil, votre bras, votre pied, et, en général, tout votre corps est beaucoup plus beau que le corps de quelque animal que ce soit. Cependant, ce qui fait votre véritable prix, est dans votre intérieur, et on ne peut le voir : c'est votre *Ame*.

Mes enfans, qu'est-ce que votre ame ?

C'est un être qui sent, qui pense, qui juge, qui a une volonté et qui ne meurt jamais. Vous ne pouvez voir, mes enfans, l'air qui vous environne, et cependant il existe, vous le sentez. De même aussi vous ne pouvez jamais voir l'ame, l'esprit, et cependant il existe en vous ; vous sentez continuellement sa force qui agit dans votre intérieur.

L'ame doit gouverner le corps et celui-ci doit lui obéir. Car, remarquez-le bien, c'est par l'ame et non par le corps que vous pensez. Par elle vous savez ce qui est bon et ce qui est mauvais, ce qui est juste et ce qui est injuste. Lorsque vous jugez, c'est aussi par votre esprit et non par votre corps. Si quelque chose vous fait plaisir, vous le prenez. Hé bien! mes enfans, c'est encore l'ame qui vous fait agir. Ce qui ne vous fait pas plaisir, vous le laissez, et cela aussi c'est votre ame qui le fait. Il n'en est pas de même chez l'animal, parce qu'il ne pense ni ne juge. Met-on dans quelque endroit, pour attraper une souris, un poison qui, comme vous le savez sans doute, ressemble à de la farine, aussitôt elle y court sans défiance, sans se dire : ne serait-ce pas du poison? Elle ne le fait pas, parce qu'elle ne peut le faire; elle prend le poison pour de la farine et le mange : mais bientôt il produit son effet et elle meurt.

Mes enfans, vous n'agissez pas aussi aveuglément! Lorsque vous découvrez dans la forêt quelques fruits qui vous plaisent, mais que vous ne connaissez pas, vous pensez aussitôt : ces fruits seraient encore plus beaux, que je ne les mangerais pas; ils pourraient contenir quelque poison, et le poison causerait ma mort. C'est l'ame qui parle ainsi en vous; c'est l'ame qui vous avertit ainsi. Qu'elle est bonne, cette ame, direz-vous ! — Ce qu'il y a de mieux encore, c'est qu'elle ne meurt jamais. Elle demeure dans le corps, comme un maître dans sa maison, et quand de tous côtés la maison chancelle et tombe, alors le maître la quitte. Cependant il continue de vivre, quand même il n'a plus cette maison. Il en est ainsi de l'ame. Lorsque le corps devient trop vieux, lorsqu'il meurt, elle ne meurt point avec lui, elle ne fait que le quitter, et elle vit éternellement; car pour elle il n'y a plus de mort. Si elle a été bonne dans le corps qu'elle habitait, elle continue à se bien trouver; mais si elle a été méchante, elle se trouve mal en le quittant; elle n'éprouve plus que tourmens et angoisses.

Mes enfans, songez-y, ce nom dit beaucoup: *un homme!* Un homme doué d'un corps et d'une ame! Combien n'êtes-vous pas au-dessus de l'animal! Que s'ensuit-il? Que votre ame doit vous être plus chère que votre corps; qu'en qualité d'hommes vous devez n'agir qu'avec intelligence. Ainsi, faites le bien, sans quoi vous n'êtes pas dignes d'être des hommes : vous devez développer votre esprit et les qualités de votre cœur, autant qu'il vous est possible; surtout réfléchissez toujours avant d'agir, sans quoi il vous arrivera comme à Charles dans le bateau.

Suites de l'irréflexion.

Charles sortit un jour du village et aperçut un batelier qui était au milieu de la rivière, sur un léger bateau, allant tantôt à droite, tantôt à gauche. Ah! se dit l'enfant, si cet homme sortait bien-

tôt de son bateau, comme j'y sauterais volontiers ; je fendrais l'onde aussi promptement que le poisson. Quelques momens après, son souhait s'accomplit. Charles s'élance dans le bateau. Mais à peine y est-il, qu'il s'élève une forte tempête. Charles avait bien peur : la nacelle ballottée par les flots, allait être renversée ; l'enfant se mit à soupirer, à pleurer, à se lamenter. Au secours, au secours! s'écria-t-il; c'en est fait de moi! Le batelier, qui n'était pas encore fort éloigné, entendit ses cris; il accourut, se jeta à l'eau et ramena le bateau près du rivage. Lorsque Charles eut mis pied à terre, le batelier lui dit avec sévérité : « Peut-on être aussi léger que
« vous l'êtes ; si j'avais été loin, vous
« périssiez dans les flots. Ne touchez
« plus à mon bateau et n'entreprenez
« jamais une chose que vous ne savez,
« ni ne pouvez faire. » Le singe imite sottement ce qu'il voit faire; l'homme doit réfléchir avant d'agir.

Suites du mensonge.

Un jeune garçon, nommé Pierre, habitait un pays où il y avait beaucoup de loups. — Mais savez-vous, mes enfans, ce que c'est qu'un loup ? Il ressemble beaucoup au chien : son œil est méchant; ses dents aiguës déchirent leur proie avec férocité; son poil se hérisse lorsqu'il est en colère. Il saisit tout ce qui se présente à lui, les hommes comme les animaux. Il égorge les agneaux et enlève même des enfans, qu'il dévore; il attaque aussi les veaux et les chevaux. Revenons à notre histoire. Pierre criait souvent : « Au loup, au secours, au loup! » Lorsqu'on venait à son secours, il n'y avait point de loup auprès de lui, et le drôle se moquait des personnes qui étaient accourues à ses cris.

Mais un jour, un loup attaqua réellement Pierre, le saisit au bras, le lui mordit fortement et le reprit par la jambe. Le jeune garçon se mit à crier de toutes ses forces : « Oh, venez à mon secours! Au loup, au loup! au secours, au secours! Il m'égorge, je suis mort! » Malgré ses cris, personne ne vint à son secours, parce qu'il avait déjà menti bien souvent. Hélas! le loup dévora Pierre. On ne trouva de lui que ses vêtemens.

Pensez bien à Pierre, mes enfans, et ne dites jamais de mensonge; car, si l'on sait que vous avez contracté la mauvaise habitude de mentir, on ne vous croit plus, alors même que vous dites la vérité.

Le Monde n'est pas venu de lui-même; il ne s'est point créé lui-même.

Mes enfans, prêtez-moi toute votre attention; car ce que je vais vous dire, vous servira pendant toute votre vie.

Tous les objets qui sont autour de vous, quelques noms qu'ils portent, sont compris dans un seul mot.... le *Monde*. L'homme, l'animal, la montagne, la vallée, le champ, le soleil, la lune, les étoiles, en un mot, tout ce que votre œil peut saisir, est renfermé dans le monde. D'où vient-il, le monde? Il n'est point venu de lui-même, il ne s'est point créé lui-même. Lorsque vous bâtissez, par exemple, une simple maisonnette de pierre et de sable, elle ne se bâtit pas d'elle-même. Vous faites tenir les pierres les unes aux autres, au moyen du ciment, et vous construisez la maison de votre mieux. Si vous ne faisiez rien, si vous disiez seulement : « maison, élève-toi » elle ne s'élèverait pas, quand même vous crieriez jour et nuit. Vous voyez donc que la maison ne se fait pas d'elle-même. Si vous dites ensuite : « souliers, venez vous mettre à mes pieds, » croyez-vous qu'ils viennent? Non : il faut aller chez le cordonnier, qui, pour de l'argent, vous fait des souliers, que vous mettez alors à vos pieds. Votre habit ne se fait pas non plus de lui-même. On achète le drap, on le donne au tailleur, qui fait alors l'habit. Rien donc ne se fait de soi-même. Si vous ne mettez pas de pepins ou de noyaux dans la terre, vous n'aurez jamais d'arbre ; si l'on ne semait pas le blé, on n'en récolterait pas non plus.

Ainsi, mes enfans, persuadez-vous de cette vérité : *Rien ne vient de soi-même!* Si donc, ni maison, ni arbre, ni blé, ni habit, ne se forment d'eux-mêmes, dites-moi, mes enfans, le monde se serait-il bien créé lui-même? ce monde, qui est si étendu et si beau! ce monde, composé d'hommes et d'animaux, de montagnes et de vallées, de champs et de prairies, du soleil, de la lune et des étoiles? « Non, non, le monde n'est pas venu de lui-même, il ne s'est pas créé lui-même; cela ne peut être, » me dites-vous. Bien! mon fils; mais si le monde ne vient pas de lui-même, qui l'a donc produit?

Qui est-ce donc qui a formé le monde?

Mes enfans, vous voyez cette église, comme elle est grande, combien la tour en est élevée! Dites-moi, l'homme qui l'a construite était-il privé d'intelligence? « Non, me répondez-vous; l'homme qui l'a construite savait sans doute ce qu'il faisait. » Eh bien! il en est ainsi de celui qui a créé le monde tel que vous le voyez; il est même beaucoup plus sage que celui qui a construit cette église; car, si vous comparez cette église au monde, elle ne vous paraît plus que comme un point dans un livre, ou comme un arbre dans une forêt. Considérez maintenant l'horloge de l'église, comme elle divise le temps en parties égales et indique les heures, du jour et de la nuit, sans jamais se tromper. Dites-moi, le soleil ne ressemble-t-il pas beaucoup à cette horloge? Il se montre à nous chaque jour, parcourt dans chaque heure un espace égal et nous quitte la nuit. La lune le remplace; elle croît et décroît, comme si elle avait l'idée du temps. Chaque année, il en est de même du soleil et de la lune. La terre a aussi quelque ressemblance avec cette horloge : au mois de Mai les arbres se couvrent de feuillage; en été, le soleil darde avec tant d'ardeur sur le blé, que celui-ci devient jaune comme de l'or. L'automne rafraîchit l'air, le vent souffle, les feuilles tombent des arbres. Bientôt le froid se fait sentir : les villes, les villages et les campagnes se couvrent de neige et deviennent aussi blancs que la laine. Il en est de même chaque année, d'âge en âge.

Ainsi, si vous louez celui qui a déployé tant de talent dans la construction de cette horloge, comment n'êtes-vous pas en extase lorsque vous réfléchissez au soleil, à la lune, à la terre, en un mot, au monde entier? Quelle puissance, ne doit pas avoir celui qui a créé ce monde! Combien il doit être sage!

En créant ainsi tout ce que vous trouvez de beau et de bon sur la terre, Dieu n'a rien oublié de ce qui peut satisfaire nos besoins et nous faire plaisir. Le blé produit la farine, avec laquelle on fait tant de bonnes choses, dont vous vous nourrissez chaque jour. L'arbre couvert de fruits vous sourit. Combien ces fruits sont doux! Comme ils rafraîchissent et désaltèrent! Quel plaisir d'entendre la linotte chanter si agréablement sur cet arbre? Comme le délicieux parfum de cette rose vient charmer votre odorat.

Celui qui a créé le monde est aussi bon qu'il est sage; il a voulu que l'homme pût tirer quelque avantage de tout ce qui existe, de tout ce que vous voyez sur la terre; il aime même l'animal et il est bon à son égard. La vache bondit avec le veau dans la campagne, la brebis avec l'agneau, et tous les animaux trouvent de quoi se nourrir et se restaurer. La poule gratte la terre pour y chercher sa nourriture; et si l'homme ne s'inquiète pas des animaux des forêts, leur créateur pourvoit à leurs besoins. Le cerf, le chevreuil, le renard, le lièvre, le ver même qui rampe dans la poussière, trouvent chaque jour de quoi se nourrir.

Oh! mes enfans, celui qui a créé le monde, n'est-il pas bien bon? Oui, sans doute, et il n'est pas seulement infiniment sage, il est encore souverainement bon; il n'est pas seulement admirable dans ses œuvres, il est encore plein d'amour. Vous me demandez, mes enfans, comment on le nomme? Prosternez-vous devant lui; adorez-le, aimez-le : c'est *Dieu*. Ce nom plein de puissance et de majesté, vous devez le retenir; vous ne devez le prononcer qu'avec respect et reconnaissance.

De Dieu.

Mes enfans, tout ce qui s'offre à vos regards vient de Dieu. C'est lui qui donne au soleil sa lumière et sa chaleur, et qui fait briller la lune d'un si bel éclat. Il n'y a point d'étoile qui ne lui doive sa lumière. C'est lui qui fait paraître l'air d'un beau bleu d'azur, et qui orne de verdure les champs et les bois. Il forme les collines et les vallons; il couvre les montagnes de buissons et de forêts, et donne à ce ruisseau qui serpente dans la campagne sa fraîcheur et sa limpidité. Il nous envoie le jour et la nuit. Ce n'est pas vous, mes enfans, qui faites paraître le soleil sur l'horizon. Votre bras n'atteint pas jusqu'à la lune. Vous ignorez le nombre des étoiles. Ce n'est pas vous qui avez fait les montagnes, les vallées, les champs, les forêts, le jour et la nuit. Ce monde, dans toute son immensité et dans toute sa beauté, est l'ouvrage de Dieu.

Dieu sait tout.

Mes enfans, il n'y a rien que Dieu ne sache. Lui qui vous a donné la vue, voit aussi. Lui qui vous a donné l'ouïe, entend aussi. Quoi que vous fassiez, Dieu le voit; quoi que vous disiez, il l'entend. Il n'y a point d'endroit où Dieu ne vous voie et ne vous entende. Il connaît même vos pensées; il peut lire dans votre cœur, comme vous pouvez voir les poissons qui nagent dans une eau bien claire. Il voit de nuit comme de jour. Il compte les gouttes de rosée qui couvrent la campagne, les grains de sable qui bordent ce ruisseau, et les feuilles des arbres dans les forêts. Il n'y a pas un grain de poussière si petit qu'il soit, dont Dieu ne connaisse l'existence; aucune feuille ne tombe d'un arbre qu'il ne le sache. Il connaît le nombre des étoiles.

Dieu est tout-puissant.

Mes enfans, Dieu peut tout ce qu'il veut; il est le maître du monde. Tout ce qu'il veut existe, il n'a qu'à parler. Le soleil se lève à son ordre; il tient la lune suspendue dans les airs. Son seul souffle a créé les innombrables étoiles. Le vent s'élève dès qu'il le lui ordonne. Il appelle l'éclair, qui répond à sa voix. Il dit un mot, et la foudre éclate; il parle, et la glace se fond, les champs et les arbres verdissent, le blé et les fruits mûrissent. Il fait un signe, et le feuillage jaunit ou tombe, le ruisseau se gèle et la terre se couvre de neige. Il donne la vie à l'homme et le fait descendre dans le tombeau. Un souffle de Dieu suffirait pour détruire le monde entier.

Dieu est bon.

Mes enfans, Dieu est bon, et il vous aime. Tout ce qui est beau vient de Dieu. C'est par amour pour ses créatures qu'il fait porter aux arbres ces belles fleurs blanches et rouges que vous admirez, qu'il donne aux feuilles et à l'herbe leur verdure, et que la rosée, sur laquelle le soleil vient se réfléchir, brille de mille charmantes couleurs. Tout ce qui est bon vient de Dieu. Le pain, qui a un goût si agréable, c'est lui qui vous le donne, ainsi que le lait qui est si frais et si doux. Les fruits que vous mangez avec tant de plaisir viennent aussi de lui. Tout ce que vous possédez, vous le tenez de Dieu, la maison que vous habitez et l'habit que vous portez. Vous tenez de lui le sommeil bienfaisant, la vie qui vous anime et le teint de vos joues. Mais Dieu n'a pas seulement soin de vous, il nourrit aussi le ver qui rampe dans la poussière; il arrose les fleurs par une pluie douce. Cependant rien sur la terre ne lui est si cher que l'homme : vous et tout ce qui porte le nom d'homme, il vous aime comme son image.

Dieu est juste.

Mes enfans, Dieu est bon, et en lui il n'y a point de mal. Dieu n'aime et ne fait que ce qui est juste et bon. Il hait le péché et tout ce qui est mal. Il veut aussi que vous soyez bons et non méchans. Il aime les enfans pieux et sages, il les rend heureux et les fait prospérer. Mais il punit l'enfant méchant et ne le rend pas heureux. L'enfant qui obéit à Dieu croît et se développe comme l'arbre planté au bord d'un ruisseau. Un enfant méchant est comme de la paille jetée au vent.

Aimez Dieu.

Mes enfans, vous avez déjà quelques connaissances de Dieu. Aimez donc ce bon Père, aimez-le de tout votre cœur. Rien au monde ne doit vous être plus cher que lui. Réjouissez-vous de savoir qu'il existe un Dieu et de le connaître. Estimez-vous heureux de l'amour et de la bonté qu'il vous témoigne. Dites souvent : « ô Dieu ! tout ce que vous nous donnez est bien bon, combien vous-même ne devez-vous pas être meilleur ! Le monde et tout ce qui vient de vous est si beau, combien vous-même vous devez être beau ! » Qui ne se réjouirait à l'idée de Dieu ; causez-lui autant de satisfaction que possible. Ce n'est ni l'argent, ni l'or qui lui font plaisir ; ce qui lui est agréable, c'est de vous voir pieux et sages. Ainsi formez souvent cette pensée : « O Dieu, que de jouissances vous nous procurez ! Nous voulons être bien bons et bien sages ; car c'est la seule joie que nous puissions vous causer. »

Pensez souvent à Dieu.

Mes enfans, pensez à Dieu souvent et avec plaisir! Entretenez-vous souvent avec lui! Il vous entend quand vous vous adressez à lui. Lorsqu'on vous ordonne une chose qui ne vous plaît pas, dites en vous-mêmes : « Nous le ferons, parce que Dieu le veut, et nous y donnerons tous nos soins, puisque telle est sa volonté. » Lorsque vous êtes malades, que vous souffrez, dites-vous : « Tout ce que vous voulez, ô Dieu, nous est utile, lors même que cela paraît nuisible; nous supporterons patiemment nos douleurs quelque fortes qu'elles soient. » Lorsque vous éprouvez la tentation du mal, rappelez-vous que Dieu voit tout et qu'il punit le péché, et alors abstenez-vous de ce que vous vouliez faire. Répétez-vous souvent ces paroles : « Le bon Dieu nous voit partout, le jour et la nuit, à la maison comme dans la campagne. » Un enfant qui pense souvent à Dieu, reste pieux et sage; il ne devient pas facilement méchant, et éprouve un bien-être intérieur qu'on ne saurait définir.

Remerciez Dieu pour tout ce qu'il vous donne.

Mes enfans, que de choses Dieu ne vous donne-t-il pas? Remerciez-le pour tous ses bienfaits. Le matin, dès que vous êtes éveillés, que chacun de vous lui adresse ces paroles : « O Dieu, je vous remercie de m'avoir accordé le sommeil qui délasse mes membres et me donne de nouvelles forces. » Pensez aussi à ce bon Dieu, avant et après le repas, et dites du fond de votre cœur : « La nourriture et la boisson sont bien utiles; nous vous remercions, ô Dieu, de nous les avoir données. » Lorsque vous allez vous coucher, dites de cœur et de bouche : « O Dieu, nous vous rendons grâces pour tous les biens dont vous nous avez comblés aujourd'hui! » Lorsque vous mangez du pain dont le goût est si bon, rappelez-vous qu'il vient de Dieu; en cueillant une fleur, dont le parfum vous charme, n'oubliez pas que c'est encore lui qui l'a fait croître. Lorsque vous mangez des fruits, souvenez-vous que c'est aussi lui qui les fait mûrir. Toutes les fois qu'on vous donne quelque chose de beau, quelque chose qui vous réjouit, pensez que cela vient de Dieu, et remerciez-le plus encore que la personne qui vous l'a offert. Remerciez Dieu de vous avoir donné des yeux, au moyen desquels vous voyez; des oreilles qui vous servent à entendre; des mains avec lesquelles vous pouvez faire tant de choses, et les pieds avec lesquels vous pouvez si bien marcher. Soyez reconnaissans envers Dieu à qui vous devez à la fois la vie, la nourriture et le vêtement. Estimez-vous heureux d'être des hommes, de voir le soleil, la lune, les montagnes, les vallons, le feuillage et la verdure; de connaître surtout le bon Dieu qui a fait toutes ces choses, et de pouvoir vous réjouir en pensant à lui,

Dieu est bon.

Mes enfans, tâchez de devenir bons puisque Dieu est bon. Il prend plaisir à tout ce qui est honnête, à tout ce qui est juste, à tout ce qui est beau; attachez-vous de même à être pieux et bons. Persuadez-vous que la piété vaut mieux que les richesses, que la bonté est préférable à la beauté. Dieu ne trompe point, tout ce qu'il dit est vrai; il tient toujours ses promesses: haïssez aussi le mensonge, et ne dites jamais que ce qui est vrai. Dieu aime à nous combler de ses dons; à son exemple, faites part aux autres de ce que vous avez; partagez avec l'enfant pauvre le pain que Dieu vous donne tous les jours. Il ne pense qu'à nous faire du bien, et n'aime pas à nous faire du mal. Il n'y a pas d'animal, quelque petit qu'il soit, auquel il ne fasse quelque bien; aussi lui déplaît-on lorsqu'on fait souffrir un animal, mais on est plus coupable encore, lorsqu'on afflige son semblable. Ne tourmentez pas même le ver qui rampe dans la poussière; ne vous permettez pas non plus, sans nécessité, de gâter les fleurs qui émaillent les prairies.

Vous le savez, mes enfans, tout ce que Dieu veut est bon et juste, tout ce qu'il désapprouve est un péché, et ne peut être qu'injuste, mauvais et nuisible. Faites donc constamment ce qu'il veut, ne faites jamais ce qu'il défend. A l'église, soyez attentifs, ne causez point, ne riez point, occupez-vous de Dieu et priez; à l'école, soyez tranquilles et appliqués. A la maison, faites ce qu'on vous ordonne, accourez quand on vous appelle, et ne demandez pas toujours, pourquoi l'on vous fait faire telle ou telle chose. Si quelque chose vous paraît trop difficile, ne vous découragez pas. Ne pleurez point lorsqu'on ne vous donne pas à l'instant ce que vous demandez; ne murmurez point lorsqu'on vous refuse une chose ou lorsqu'on vous punit. Ne dites jamais de mensonge, car c'est un péché : le menteur rougit de honte lorsqu'on le découvre; le chat est faux, voilà pourquoi on ne l'aime pas et qu'on ne se fie jamais à lui. Ne soyez point insoucians et nonchalans lorsque vous devez faire quelque chose; le bœuf est si paresseux qu'il n'avance que lorsqu'on le frappe. Remerciez, lorsqu'on vous donne quelque chose; le porc mange le gland sans regarder l'arbre qui le porte. Ne mangez pas trop, car cela abrutit et rend malade. Ne soyez pas gourmands et ne prenez jamais rien lorsqu'on ne vous voit pas : souvent le lard que la souris dérobe, lui cause la mort. Réprimez votre colère, ne vous disputez pas, ne vous querellez pas, même au jeu. Dans les rues ne vous moquez pas des passans, n'inquiétez point les autres enfans, ne jetez point de pierre, ne marchez point dans la boue. A la campagne, ne foulez pas aux pieds les épis et ne courez pas dans l'herbe; ne cueillez pas de fruits non mûrs et n'en dérobez point, quand même ils seraient mûrs. Dans quelque lieu que vous soyez, ne dérobez rien et ne faites aucune action dont vous auriez à rougir si elle était découverte.

Maintenant, mes enfans, vous savez ce que vous avez à faire et ce que Dieu exige de vous, faites-le : l'arbre qui ne porte point de fruit est abattu et jeté au feu.

De Jésus-Christ.

Mes chers enfans, vous avez dejà beaucoup entendu parler de Dieu, notre père céleste ; je veux maintenant vous entretenir de Jésus-Christ, son fils bien-aimé : c'est encore par amour pour nous que Dieu l'a envoyé sur la terre.

L'enfant Jésus couché dans une crèche, doit être un sujet de joie pour tous les enfans.

I. Pendant une belle nuit, de pieux bergers veillaient au milieu des champs près de leurs troupeaux ; tout à coup un ange, resplendissant de lumière et de beauté, leur apparut et leur dit : « Je vous apporte une grande joie, cette nuit le fils de Dieu est venu au monde; vous le trouverez couché dans une crèche. »

Mes chers enfans, Dieu nous a donné tout ce qu'il avait de plus cher, son fils bien-aimé, pour nous causer beaucoup de joie. L'enfant Jésus est un don de Dieu plus précieux que le soleil, la lune et le monde entier : aimez bien cet enfant divin.

II. Plusieurs autres anges apparurent encore aux bergers; tous louaient Dieu et disaient : « Gloire soit à Dieu au plus haut des cieux, paix sur la terre, et dans les hommes bonne volonté! »

Mes chers enfans, Jésus vint au monde pour glorifier Dieu et rendre les hommes heureux : glorifiez aussi le bon Dieu et soyez bienveillans envers tous les hommes; alors vous trouverez la paix et une douce joie sur la terre.

III. Les pieux bergers se mirent en marche et trouvèrent effectivement l'enfant Jésus couché dans une crèche; il était emmaillotté, Marie et Joseph étaient auprès de lui.

A cette vue ils furent remplis de joie, ils louèrent Dieu et le glorifièrent.

Mes enfans, il y a encore de plus grandes joies que celles que procurent les bons mets, les jeux et les beaux habits; Dieu les accorde à ceux qui l'aiment, et lui, il n'aime que ce qui est bon et juste; devant lui l'argent et l'or n'ont pas plus de valeur que le foin et la paille.

IV. Une étoile brillante guida trois Mages d'Orient vers Jésus et s'arrêta au-dessus de la maison où il se trouvait. Ils entrèrent pleins de joie, se prosternèrent devant l'enfant et lui offrirent de l'or, de l'encens et de la myrrhe.

Mes chers enfans, Dieu fit beaucoup de miracles pour la gloire de son fils, et cet enfant fut la joie des anges et des hommes : aussi devez-vous beaucoup l'aimer et lui offrir votre cœur tout entier. Un cœur pur qui ne veut que le bien et qui hait le mal, est plus cher à Jésus que tout l'or du monde.

L'enfant Jésus, le plus beau modèle des enfans.

I. Jésus fut l'enfant le plus pieux du monde. A l'âge de douze ans, ses parens le conduisirent au temple de Jérusalem. Quoique le chemin fût long et pénible, il s'y rendit volontiers.

On le trouva un jour dans cette maison de prière au milieu des docteurs, les écoutant et leur faisant des questions, de sorte qu'ils étaient ravis de ses sages réponses et de sa piété. Il répondit à son père et à sa mère qui le cherchaient: « Ne saviez-vous pas que je dois être dans la maison de mon père céleste ? »

II. L'enfant Jésus était bon et amical envers tous les hommes; jamais il n'avait l'air sombre, jamais il ne proférait une mauvaise parole: il n'aurait pas voulu faire le moindre mal à un enfant, ni affliger les personnes âgées; il disait toujours la vérité; il ne dérobait et ne gâtait jamais rien; il faisait tout pour obliger chacun. On l'aimait de jour en jour davantage, car il croissait en amabilité, en sagesse et en grâce, devant Dieu et devant les hommes.

III. L'enfant Jésus était très-obéissant. Il cherchait dans les yeux de sa mère ce qui pouvait lui faire plaisir; il aidait son père dans les travaux de son état : il était tout amour et reconnaissance envers ses chers parens et leur était soumis en toute chose.

Mes chers enfans, tâchez de ressembler à l'enfant Jésus; ayez toujours devant les yeux ce beau modèle. Il était pieux, assidu, amical, obéissant; vous aussi, vous devez être pieux, assidus, obéissans et pleins d'amour pour vos semblables.

Jésus-Christ, le meilleur ami des enfans.

I. Jésus-Christ étant devenu grand, de pieuses mères lui amenèrent un jour leurs enfans pour les bénir. Ses disciples les repoussaient avec dureté; mais Jésus leur dit : « Laissez venir à moi ces petits enfans, et ne les en empêchez point; car le royaume des cieux est pour ceux qui leur ressemblent. » Puis, les ayant pris entre ses bras, il leur imposa les mains et les bénit.

II. Un jour que Jésus était à table, un père qui avait un enfant malade, vint le trouver, tomba à ses genoux et lui dit : « Ma fille est à la mort, viens, je te prie, lui imposer les mains, pour qu'elle se guérisse. » Jésus se leva aussitôt et suivit ce père affligé. Quand ils arrivèrent à la maison, la fille avait déjà expiré. Le père et la mère se désolaient, mais Jésus leur dit : « Ne pleurez pas, votre fille n'est pas morte, mais elle dort. » A ces mots, il prit la jeune fille par la main et lui dit : lève-toi, » et aussitôt celle qu'on avait crue morte, ouvrit les yeux et se leva. Les parens furent remplis d'admiration et de joie, et Jésus, en sortant, recommanda de donner à manger à cet enfant.

III. Une autre fois, au moment où Jésus allait entrer dans une ville, il en vit sortir un convoi funèbre; c'était celui du fils unique d'une veuve. La mère et beaucoup de personnes suivaient le cercueil; lorsque Jésus aperçut cette mère désolée, il fut saisi de compassion. « Ne pleurez pas, » leur dit-il avec bonté. Au même instant il ordonna aux porteurs de s'arrêter et de déposer la bière. Le cercueil était ouvert et le corps était exposé aux yeux de tout le monde: « Jeune homme, lui dit Jésus, lève-toi! » Alors le mort se leva et commença à parler; tous les assistans furent saisis de crainte et d'admiration.

IV. C'est aussi par amour pour nous, mes enfans, que Jésus a tant souffert. Au mont des oliviers, son angoisse fut telle qu'une sueur de sang découlait de son corps; il fut flagellé, et on lui mit sur la tête une couronne d'épines; il fut même mis sur la croix et y mourut pour nous sauver : plus tard nous nous entretiendrons encore de ce sujet.

De ce que nous venons de dire, mes enfans, vous pouvez déjà conclure que vous avez en Jésus l'ami le plus sincère. Aimez-le aussi de tout votre cœur et mettez en lui toute votre confiance.

Jésus-Christ, le meilleur maître des enfans.

Mes chers enfans, Jésus est aussi votre meilleur maître. Tout ce qu'il a dit est si clair et si simple, que même des enfans peuvent facilement le comprendre; tout ce qu'il a enseigné est si beau que même des enfans y prennent intérêt. Mes chers amis, Jésus est toujours au milieu de vous en esprit; figurez-vous souvent que vous voyez sa belle image, que vous entendez le doux son de sa voix; imaginez-vous qu'il vous prend sur ses genoux et dans ses bras et qu'il vous parle ainsi : « Mes chers enfans, Dieu a tant aimé les hommes, qu'il a sacrifié son propre fils pour eux. Tous ceux qui croiront en lui, ne périront pas, mais auront la vie éternelle. »

« Je suis le bon berger, je connais

mes brebis, elles me connaissent; elles distinguent le son de ma voix et me suivent. Un bon berger donne sa vie pour ses brebis, et moi, je donne ma vie pour les miennes. Je leur donne la vie éternelle. Elles ne mourront pas pour toujours. Personne ne les arrachera de mes mains. »

« Mes chers petits amis, je vous aime autant que mon père m'aime. Personne a-t-il jamais donné de plus grandes marques de son amour qu'en donnant sa vie pour ses amis. Voici mon commandement : Aimez-vous les uns les autres, comme je vous aime. C'est à cet amour mutuel que tout le monde reconnaîtra que vous êtes mes disciples. »

« Si vous m'aimez, observez mes commandemens. Quiconque connaît mes commandemens et les observe, m'aime. Celui qui ne m'aime pas, ne garde pas non plus mes commandemens; mais celui qui m'aime, mon père et moi, nous l'aimons, et tout ce qu'il demandera au Père, en mon nom, mon père le lui donnera. »

« Dans la maison de mon père il y a plusieurs demeures; j'y préparerai aussi une place pour vous. Je reviendrai un jour et je vous emmènerai, afin que vous soyez où je suis; vous me verrez et votre cœur sera plein de joie. »

« Je vous dis ceci, afin que ma joie demeure en vous et que votre joie soit parfaite. Maintenant que vous connaissez mes commandemens; vous serez bien heureux pourvu que vous les pratiquiez. »

Du Saint-Esprit.

Mes chers enfans, vous savez que Jésus-Christ mourut sur la croix par amour pour nous. On l'ensevelit; ses disciples se désolaient et le pleuraient. Cependant trois jours n'étaient pas encore écoulés depuis sa mort qu'il sortit vivant du tombeau; éclatant de lumière, il se montra tout à coup au milieu de ses disciples, et l'étonnement et la joie de ces derniers furent inexprimables.

Jésus passa avec eux encore plusieurs jours, au bout desquels il les mena sur une montagne, où il prit congé d'eux. Déjà avant sa mort il leur avait dit de ne point s'attrister de son départ, qu'il leur enverrait à sa place le Saint-Esprit, pour les instruire, les fortifier et les consoler pendant toute leur vie. Il leur renouvela cette promesse lorsqu'ils furent arrivés sur la montagne ; puis il fut élevé au ciel et disparut à leurs yeux.

Les disciples attendaient le Saint-Esprit, qui leur fut effectivement accordé comme l'avait promis Jésus. Un jour, un grand bruit se fit entendre dans la salle où les disciples se trouvaient rassemblés ; des flammes se posèrent sur leurs têtes et ils éprouvèrent intérieurement que la sagesse divine éclairait leur esprit. Une joie céleste remplissait leurs cœurs ; ils louèrent Dieu et le glorifièrent.

Mes chers enfans, le Saint-Esprit, dans ce que je viens de vous raconter, se fait connaître par des images admirables.

Le feu éclaire. De nuit vous ne pouvez rien voir, quand même vous ouvririez les yeux; mais à peine le soleil paraît-il à l'horizon, qu'aussitôt ses rayons dorés éclairent toute la terre. De même le Saint-Esprit éclaire notre intelligence. Le feu réchauffe. Pendant l'hiver tout est couvert de glace et de neige; vous avez froid et vous n'êtes pas à votre aise, à peine pouvez-vous remuer les doigts; mais aussitôt que se montre le soleil du printemps avec sa chaleur douce et bienfaisante, la glace et la neige se fondent; on voit pousser de petites feuilles et de petites fleurs, et peu à peu tout se couvre de verdure; alors vous êtes joyeux et vous sautez de plaisir. C'est ainsi que le Saint-Esprit échauffe nos cœurs et nourrit tous nos bons sentimens. L'air anime notre vie. Sans le voir, nous le respirons à chaque instant, c'est ainsi que sans le Saint-Esprit, quoiqu'il soit invisible, on ne peut être pieux et bon.

Dans le même récit, le Saint-Esprit se

montre plus admirable encore par ses effets.

Avant qu'il fût accordé aux apôtres, ceux-ci ne se distinguaient pas par la supériorité de leur esprit; ils commettaient encore des fautes et étaient craintifs. Mais après qu'il fut descendu sur eux, tout ce que Jésus-Christ leur avait dit leur parut clair. Ils se sentirent un nouveau zèle et de nouvelles forces pour le bien; ils furent pleins de joie, de courage, de consolation dans les maux les plus pénibles. Comme eux, ce n'est qu'avec le secours du Saint-Esprit que vous pouvez devenir des hommes bons, raisonnables et heureux.

Ainsi lorsqu'il vous en coûte d'apprendre, lorsque le bien vous paraît difficile, lorsque vous êtes affligés, priez ardemment le Saint-Esprit de vous assister.

Mes chers enfans, nous venons de parler de notre bon Père céleste, ainsi que de son Fils chéri et du Saint-Esprit, qui sont un avec ce Dieu infiniment sage, bon et puissant. Rappelez-vous que vous devez tout faire au nom du Père, du Fils et du Saint-Esprit: vous pouvez comprendre maintenant ces paroles, et il vous suffit d'agir conformément à ce qu'elles vous prescrivent. Soyez donc toujours les bons enfans de notre Père céleste et les disciples obéissans de Jésus; que votre cœur soit toujours pur et saint, qu'il soit un temple du Saint-Esprit.

Maximes.

Mes enfans, le matin, dès que vous êtes éveillés, ne restez plus au lit, mais levez-vous bien vite, quand même il serait encore de très-bonne heure. Celui qui reste éveillé au lit, s'habitue à la paresse, à la mollesse, et se laisse aller à de mauvaises pensées. Remarquez, au contraire, combien vos parens, obligés, à cause de leur âge, de reposer plus long-temps que vous, ont de plaisir à voir leurs enfans au travail, lorsqu'eux-mêmes se lèvent.

Suivez ce conseil; vous ne vous en repentirez point.

―――

Aussitôt que vous êtes levés, que votre première occupation soit de vous laver bien proprement la figure et les mains; puis peignez-vous et achevez de vous habiller.

Pourquoi cela?

Parce qu'on ne saurait voir avec plaisir une personne qui n'est pas bien propre.

Parce qu'il est désagréable de voir une personne qui n'est pas peignée ou dont l'extérieur est en désordre.

Qui pourrait manger ou boire quelque chose qui aurait été touché, ou peut-être même apprêté par une personne sale?

Il ne faut pas vouloir enlaidir, à force de malpropreté ou de négligence, le corps auquel Dieu a donné une si belle forme.

On ne peut aimer une personne qui n'a pas d'ordre, et les habitudes qu'on prend dans la jeunesse, on les conserve dans un âge plus avancé.

———

Lorsque vous êtes lavés et habillés, n'oubliez pas de vous recueillir et de prier Dieu. Remerciez Dieu du fond de votre ame, de vous avoir conservé la vie et de vous avoir comblé de ses bienfaits.

Priez-le de vous préserver de la paresse, de l'insouciance, de la légèreté et des mauvaises sociétés. Demandez-lui la force de faire sa volonté et de fuir le mal; priez-le de vous pardonner vos péchés. Que votre prière soit longue ou courte, votre cœur seul doit la dicter.

Dès que vous avez fait cette prière de cœur, hâtez-vous de vous mettre à l'ouvrage; ne perdez pas un instant; que votre travail soit fait avec soin, de sorte que rien n'y manque. Mettez de l'ordre, de l'exactitude même dans les plus petites bagatelles ; celui qui n'apporte aucun soin dans les petites choses, finit aussi par négliger les grandes. Travaillez autant que vous pouvez, et réjouissez-vous lorsque vous parvenez à faire plus que ne vous demandent vos bons parens. Oh quelle joie vous goûterez alors!

———

S'il est possible, lisez avec vos parens la parole de Dieu, avant ou après la prière du matin et du soir.

Mais ne lisez pas tantôt au commencement, tantôt à la fin d'un livre; reprenez chaque fois votre lecture où vous l'avez terminée la veille.

Lisez avec attention de bons livres et demandez-vous souvent: « Comprenons-nous bien ce que nous lisons? Nous efforçons-nous aussi de devenir tels que Dieu veut nous former par sa parole et par notre conscience?» Si, dans ce que vous lisez, il est question d'hommes vertueux, formez chacun sérieusement le projet de les imiter et dites en vous-mêmes: « Je veux, je dois aussi devenir vertueux, quoi qu'il m'en coûte : Dieu m'aidera tout autant que ceux dont j'admire dans ce moment la conduite. » Si, par hasard, vous ne comprenez pas quelque chose dans les livres que vous lisez, priez des personnes sages et pieuses de vous donner des explications, et mettez toujours à profit tout ce que vous comprenez.

Si vos parens vous envoient quelque part, ne vous arrêtez pas à causer inutilement, ou à écouter des histoires. Ne perdez pas de temps à en raconter vous-mêmes ; faites promptement et de bonne volonté ce que vous avez à faire, et revenez le plus tôt possible.

Soyez pleins d'amour, de soins, d'attentions et de prévenances envers vos parens. Que n'ont-ils pas fait pour vous ! Tout ce que Dieu vous a donné, c'est par eux que vous l'avez reçu ; ils partagent avec vous tout ce qu'ils ont. Ils ne sont contens que lorsque vous l'êtes. Vos frères, vos sœurs, et vous-mêmes, vous êtes l'objet de leur plus tendre affection; vous ne pourrez jamais leur rendre tout ce que vous leur devez. Mais vous pouvez les aimer de tout votre cœur : promettez-vous bien de le faire?

Vous leur parlerez toujours avec douceur ; toutes vos paroles respireront l'attachement que vous leur portez. Le matin vous leur souhaiterez respectueusement le bonjour, vous les embrasserez tendrement; votre amour pour eux se fera remarquer dans tous vos discours, soit que vous leur fassiez des demandes, soit que vous leur adressiez des remercîmens : le soir vous ne manquerez pas de leur souhaiter une bonne nuit.

Faites avec plaisir tout ce que vous saurez devoir leur être agréable; il vous en coûtera peu, si vous vous rappelez que votre obéissance peut seule les rendre heureux. Vous devez tout sacrifier à la volonté de vos parens.

Combien ne ressentiriez-vous pas de peine, si vous veniez à les affliger, par votre légèreté, ou par votre mauvaise conduite. Mais non, mes enfans, vous chercherez plutôt à leur causer quelque joie à laquelle ils ne s'attendent pas.

Souvent les circonstances vous exposent à être soumis aux ordres de personnes qui ne sont pas vertueuses; vous rencontrerez dans le monde des méchans comme des hommes vertueux, c'est pourquoi il faut veiller à ce que votre conduite soit toujours bonne et sage; autrement vous vous laisseriez aller à des actions condamnables et vous vous feriez, sans nécessité, beaucoup d'ennemis.

Mes chers enfans, observez exactement les préceptes suivans:

I. Soyez honnêtes envers tout le monde, même envers les personnes que vous savez ne pas vous aimer; le bon Dieu ne fait-il pas luire le soleil aussi pour elles?

II. Lorsque vous remarquez que vous pouvez être utiles à quelqu'un, en quoi que ce soit, faites-le, sans attendre qu'on vous le demande; rendez même service aux personnes qui ne vous aiment pas. Jésus-Christ, votre Sauveur, aidait ses ennemis, il les bénissait. Accourez au secours de toute personne qui en a besoin, donnez-lui des conseils toutes les fois que vous le pouvez.

III. Si quelqu'un vous fait un présent, recevez-le de bonne grâce et avec reconnaissance : il n'est pas bien de ne pas accepter volontiers ce qu'on vous offre amicalement, afin de ne pas être obligé de faire des remercîmens; cela annonce de la fierté et de la grossièreté.

IV. Lorsqu'une personne vous rend un service quelconque, n'affectez pas de vouloir le lui payer, ou de lui dire que vous chercherez à vous acquitter de votre mieux envers elle; ces manières affligeraient l'ame noble qui n'a pas voulu vous vendre son service, mais vous témoigner de l'amitié. Aimez sincèrement votre bienfaiteur, c'est le meilleur moyen de lui marquer votre reconnaissance.

V. Lorsque vous êtes occupés dans les champs ou autre part, et qu'une personne qui travaille à côté de vous, veut entamer avec vous une conversation sur quelque chose de raisonnable, de bon ou d'utile, prêtez-vous-y amicalement et avec cette douceur qui convient au vrai chrétien, si toutefois vous le pouvez sans que votre travail en souffre.

VI. Évitez, comme le plus grand fléau, les hommes légers, et montrez-vous à leur égard sérieux, sans être durs; n'ayez jamais ensemble de commerce intime. Cependant ne les offensez pas; ce serait vous faire des ennemis et vous avilir.

VII. Choisissez parmi vos connaissances, les personnes les plus estimables, et tâchez de contracter avec elles des liaisons intimes; votre amitié, fondée sur une base solide, vous fera tout faire l'un pour l'autre, excepté ce qui est mal. Il est du devoir des amis de se reprendre, et il est bon qu'ils prient quelquefois ensemble.

VIII. Si quelqu'un veut vous raconter des histoires malhonnêtes, dites à cette personne, en vous éloignant d'elle : « Taisez-vous, gardez pour vous ces mauvaises choses que je n'aime pas entendre. » Si vous n'osez pas lui parler si franchement, retirez-vous en silence.

IX. Si l'on chante devant vous une chanson inconvenante, quittez la société; si vous ne le pouvez, détournez au moins votre cœur et vos oreilles de ces paroles, et chantez, soit seuls, soit avec ceux de vos amis qui ont des sentimens plus purs. De cette manière vous ferez peut-être taire la personne dont les propos blessaient la décence; dans tous les cas, vous vous préserverez vous-mêmes de mauvaises pensées.

X. Si le salut de votre ame vous est cher, pour tout au monde, qu'aucun de vous ne reste jamais seul avec une personne corrompue.

XI. N'entrez jamais, ni avant, ni après vos occupations, dans ces maisons où d'ordinaire on mange et l'on boit outre mesure: le vin, la bière et les liqueurs pris en trop grande quantité, privent l'homme de l'usage de sa raison; et quel plaisir auriez-vous à vous trouver avec des insensés?

XII. Évitez les éclats de rire immodérés. Mais pourquoi cela, me direz-vous? Parce que des éclats de rire outrés sont inconvenans, comme en général l'excès en toute chose.

XIII. Ne portez point de jugemens sévères sur votre semblable, et à moins que la justice envers d'autres ne l'exige, ne dites jamais de mal de lui, quand même vous en sauriez beaucoup. Si quelqu'un qui n'en a pas le droit, vous demande, par pure curiosité, si ce qu'on dit de mauvais sur le compte d'un tel est vrai, ne dites pas que vous l'ignorez, si vous le savez; car ce serait mentir; et il ne faut point dire de mensonge, même lorsqu'il s'agit de bagatelles. Cependant ne dites pas non plus ce que vous en savez; mais dites à celui qui vous presse de répondre, que cela ne vous regarde pas et que par conséquent vous ne voulez pas en parler, et si la même personne continue à vous faire des questions sur le même sujet, ne lui répondez plus.

En général, ne parlez jamais de ce qui ne vous regarde pas.

XIV. Ayez toujours soin de rentrer à la maison avant la nuit, à moins que votre devoir ne vous retienne dehors, ou que vous ne soyez avec vos parens.

Cette précaution vous préservera de toutes sortes de tentations au mal, et évitera bien des inquiétudes aux personnes chargées de votre conduite.

XV. Évitez d'aller dans un endroit où l'on perd son temps à causer.

XVI. Soyez fidèles et consciencieux en toute occasion, et commencez toujours par le plus nécessaire.

XVII. Lorsqu'on vous permet de passer quelques instans avec vos amis, n'abusez pas de la permission qu'on vous a accordée. Ne parlez que de choses instructives et intéressantes, et ne vous faites pas attendre à la maison.

XVIII. Ne vous fiez pas à une personne

dont la probité et la prudence ne vous sont pas assurées.

Mes chers enfans, employez le dimanche comme le faisaient les premiers chrétiens, c'est-à-dire à vous fortifier dans la confiance en Dieu et dans l'obéissance à ses ordres.

Commencez le dimanche, comme les autres jours, par la prière, et aux heures accoutumées rendez-vous à l'église.

Gardez-vous de dormir à l'église, c'est une honte; l'attention et la prière doivent vous préserver du sommeil.

Ne promenez point vos yeux avec curiosité sur les personnes qui se trouvent à l'église. Arrivés à la maison, mes chers enfans, réfléchissez à ce que vous venez d'entendre et examinez votre conduite pour voir si elle répond aux préceptes qu'on vous a donnés. Prenez, de concert avec vos amis, la résolution de devenir ce que Dieu veut que vous soyez; cherchez aussi vous-mêmes la vérité dans l'Écriture sainte.

Ne priez jamais seulement dans l'intention d'être vus. Au reste je suis persuadé d'avance que vous ne le ferez pas. Vous voyez d'ailleurs tout aussi bien que moi, qu'il serait, par exemple, ridicule de la part d'un pauvre de vouloir tirer vanité de ce qu'il demande l'aumône et qu'il remercie celui qui la lui donne : or la prière est-elle autre chose, sinon la demande que nous faisons à Dieu d'une grâce, et la reconnaissance que nous lui en témoignons, lorsque nous l'avons obtenue ?

Ne mettez jamais dans vos prières que des demandes dignes d'être adressées au Seigneur. Si vous n'éprouvez pas véritablement un sincère repentir de vos péchés, ne faites pas semblant de l'éprouver ; mais priez Dieu de faire entrer de plus en plus dans votre cœur l'amour du bien.

La prière doit être entièrement libre. Si quelqu'un de vos amis, ou une autre personne, lit à haute voix ou récite devant vous une prière, faites bien attention à ce que cette personne dit, et retenez-en les vérités que vous comprenez et qui conviennent aux dispositions de votre ame.

Lorsque vous mangez ou que vous buvez, rappelez-vous bien ces paroles : « Il ne faut pas vivre pour manger, mais il faut manger pour entretenir la vie. »

Quand vous êtes rassasiés, cessez de manger, sans quoi vous vous ferez mal. Celui qui mange trop, devient paresseux et de mauvaise humeur, et ne peut plus se contenter de peu.

Loin de fortifier le corps, une nourriture trop abondante l'affaiblit et le fatigue.

Ne cherchez qu'à être agréables à Dieu et à votre Sauveur, et que jamais les sarcasmes des hommes ne vous empêchent de faire ce qui est bien.

Mais aussi, mes enfans, prenez bien garde de ne point donner lieu de votre côté aux moqueries des autres.

Lorsqu'on vous tourne en ridicule pour une faute que vous avez réellement commise, prenez la résolution de mieux agir dans la suite, et en attendant souffrez patiemment ce qui vous arrive.

Si, au contraire, c'est à tort qu'on vous raille, n'y faites pas attention ; de tels procédés ne doivent pas vous affliger.

———

Ne lisez rien qui ne vous ait été prescrit ou recommandé par un homme raisonnable et dont le jugement est formé.

Ne lisez jamais un livre qui vous aurait été donné par des gens d'un esprit léger, pas plus que des chansons inconvenantes.

Ne lisez rien dont vous ne puissiez tirer quelque avantage.

De cette manière vous garderez votre esprit de toute erreur et vous conserverez votre cœur pur. Si, après vous être donné beaucoup de peine, vous ne comprenez pas un livre, lors même qu'il vous aurait été donné dans le dessein de vous en faire profiter, n'y perdez pas un temps précieux, mais demandez un autre livre que vous puissiez comprendre plus facilement.

Prenez plaisir aux œuvres de Dieu et remarquez la sagesse qu'il y a déployée. Prêtez une oreille attentive aux chants mélodieux des oiseaux qui volent dans les airs; admirez la beauté des formes que le bon Dieu a données aux animaux, aux fruits et aux fleurs. Considérez tous ces objets avec attention; observez-en toutes les beautés, et il ne vous arrivera jamais de gâter quoi que ce soit, ou de faire souffrir un animal quelconque: vous verrez, au contraire, avec plaisir cette quantité innombrable d'êtres vivans dont la terre est peuplée.

Le soir, avant de vous coucher, demandez-vous s'il n'y a rien que vous deviez faire avant le lendemain, et si vous trouvez encore quelque devoir à remplir, acquittez-vous en aussitôt. Pensez ensuite à la manière dont vous avez passé votre journée, et si vous avez commis quelque faute, prenez la ferme résolution de n'en plus commettre à l'avenir. Demandez pardon à Dieu pour tous vos péchés; vous pouvez le faire avec confiance, car vous avez un Sauveur qui intercède pour vous.

Remerciez Dieu de l'assistance qu'il vous a prêtée pendant la journée, implorez son secours pour la nuit et priez-le de vous accorder son esprit, pour que vous puissiez mener une vie sainte et pieuse. Adressez-lui aussi des prières pour vos parens, pour vos frères et sœurs, pour vos amis; en un mot, vous prierez pour tous les hommes, si vous les aimez de cœur.

Travaillez et priez. La prière et le travail rendent bon et sage.

Les meilleurs médecins pour les enfans sont la tempérance, la propreté et l'exercice, sources de santé et de bien-être.

L'ignorance est elle-même un grand mal, et la mère d'un grand nombre d'autres.

Le premier pas vers le bien est de ne pas faire le mal.

Le véritable bien ne se trouve que dans le repos de la conscience.

Il faut, autant qu'on peut, obliger tout le monde ; on a souvent besoin d'un plus petit que soi.

L'auteur d'un bienfait est celui qui en recueille le fruit le plus doux.

Oubliez les injures, jamais les bienfaits. Rendez le bien pour le mal, jamais le mal pour le bien.

L'ingrat ne jouit qu'une fois du bienfait ; l'homme reconnaissant en jouit toujours.

Ne parlez pas de votre bonheur à un malheureux.

Écoutons sans cesse la voix de notre

conscience, et que la tâche de toute notre vie soit de lui obéir fidèlement.

La prudence est aussi nécessaire que la sagesse. Les plus grands ennemis de la prudence sont la témérité et la précipitation.

Rappelons-nous que le bavard se rend insupportable à tout le monde.

La modestie sied bien au mérite; elle le voile sans le cacher. Ainsi l'humble violette se décèle par son parfum.

L'honnête homme ne ment jamais; le mensonge est toujours plus nuisible qu'utile. Le menteur est comme le faux-monnayeur : ses premiers mensonges sont pris pour des vérités; mais bientôt la fausseté de ses paroles est reconnue, et elles cessent d'avoir cours.

Ne remettez jamais à demain ce que vous pouvez faire aujourd'hui. Demain vous aurez à faire autre chose.

Celui qui ne sait rien a toujours besoin des autres, et reste dans la dépendance de tout le monde.

L'ignorance et l'oisiveté sont les plus grands de tous les maux. C'est un terrain sur lequel naissent et croissent tous les vices et toutes les misères.

La mauvaise société corrompt les mœurs. Celui qui se plaît dans la compagnie des méchans, devient bientôt méchant lui-même.

La vertu est la santé de l'ame.

Les dix Commandemens de Dieu.

Je suis le Seigneur ton Dieu, qui t'ai tiré de la terre d'Égypte, de la maison de servitude.

I. Tu n'auras point de dieux étrangers devant moi ; tu ne feras aucune image taillée, ni aucune figure de ce qui est en haut au ciel, ni de ce qui est en bas sur la terre ou dans les eaux ; tu ne les adoreras point et ne les serviras point.

II. Tu ne prendras point en vain le nom du Seigneur ton Dieu.

III. Souviens-toi de sanctifier le jour du sabbat.

IV. Honore ton père et ta mère, afin que tu vives long-temps sur la terre que le Seigneur ton Dieu te donnera.

V. Tu ne tueras point.

VI. Tu ne commettras point de fornication.

VII. Tu ne déroberas point.

VIII. Tu ne porteras point faux témoignage contre ton prochain.

IX. Tu ne désireras point la femme de ton prochain.

X. Tu ne désireras point sa maison, ni son serviteur, ni sa servante, ni son bœuf, ni son âne, ni rien qui lui appartienne.

Le Sommaire de toute la loi.

Tu aimeras le Seigneur ton Dieu de tout ton cœur, de toute ton ame et de tout ton esprit ; c'est là le premier et le grand commandement. Voici le second, qui est semblable au premier : Tu aimeras ton prochain comme toi-même. Dans ces deux commandemens sont renfermés toute la Loi et les Prophètes.

L'Oraison dominicale.

Notre père, qui êtes aux cieux ; que votre nom soit sanctifié ; que votre règne arrive ; que votre volonté soit faite sur la terre comme dans le ciel : donnez-nous aujourd'hui notre pain de chaque jour; pardonnez-nous nos offenses, comme nous pardonnons à ceux qui nous ont offensés; et ne nous laissez pas succomber à la tentation, mais délivrez-nous du mal. Ainsi soit-il.

La Salutation angélique.

Je vous salue, Marie, pleine de grâce, le Seigneur est avec vous : vous êtes bénie entre toutes les femmes; et Jésus, le fruit de vos entrailles, est béni.

Sainte Marie, Mère de Dieu, priez pour nous, pauvres pécheurs, maintenant et à l'heure de notre mort. Ainsi soit-il.

Le Symbole des apôtres.

Je crois en Dieu le Père tout-puissant, Créateur du ciel et de la terre; et en Jésus-Christ, son fils unique, notre Seigneur, qui a été conçu du Saint-Esprit, est né de la Vierge Marie, a souffert sous Ponce-Pilate, a été crucifié, est mort, a été enseveli; est descendu aux enfers;

le troisième jour est ressuscité des morts; est monté aux cieux; est assis à la droite de Dieu le Père tout-puissant, d'où il viendra juger les vivans et les morts.

Je crois au Saint-Esprit, à la Sainte-Église catholique, la Communion des Saints, la rémission des péchés, la résurrection de la chair et la vie éternelle.

La Confession des péchés.

Je confesse à Dieu tout-puissant, à la bienheureuse Marie toujours Vierge, à saint Michel Archange, à saint Jean-Baptiste, aux Apôtres saint Pierre et saint Paul, à tous les Saints, et à vous, mon Père, que j'ai beaucoup péché par pensées, par paroles et par actions : c'est ma faute, c'est ma faute; c'est ma très-grande faute. C'est pourquoi je prie la bienheureuse Marie toujours Vierge, saint Michel Archange, saint Jean-Baptiste, les Apôtres saint Pierre et saint Paul, tous les Saints, et vous, mon Père, de prier pour moi le Seigneur notre Dieu.

Que le Dieu tout-puissant nous fasse miséricorde, et qu'après nous avoir pardonné nos péchés, il nous conduise à la vie éternelle. Ainsi soit-il.

Que le Seigneur tout-puissant et miséricordieux nous accorde le pardon, l'absolution et la rémission de tous nos péchés. Ainsi soit-il.

FIN.

GRAND LIVRET

	4 fois 0 font 0	7 fois 0 font 0	10 fois 0 font 0
	4 — 1 — 4	7 — 1 — 7	10 — 1 — 10
	4 — 2 — 8	7 — 2 — 14	10 — 2 — 20
	4 — 3 — 12	7 — 3 — 21	10 — 3 — 30
	4 — 4 — 16	7 — 4 — 28	10 — 4 — 40
	4 — 5 — 20	7 — 5 — 35	10 — 5 — 50
	4 — 6 — 24	7 — 6 — 42	10 — 6 — 60
	4 — 7 — 28	7 — 7 — 49	10 — 7 — 70
	4 — 8 — 32	7 — 8 — 56	10 — 8 — 80
	4 — 9 — 36	7 — 9 — 63	10 — 9 — 90
	4 — 10 — 40	7 — 10 — 70	10 — 10 — 100
1 fois 0 fait 0	4 — 11 — 44	7 — 11 — 77	10 — 11 — 110
1 — 1 — 1	4 — 12 — 48	7 — 12 — 84	10 — 12 — 120
2 fois 0 font 0	5 fois 0 font 0	8 fois 0 font 0	11 fois 0 font 0
2 — 1 — 2	5 — 1 — 5	8 — 1 — 8	11 — 1 — 11
2 — 2 — 4	5 — 2 — 10	8 — 2 — 16	11 — 2 — 22
2 — 3 — 6	5 — 3 — 15	8 — 3 — 24	11 — 3 — 33
2 — 4 — 8	5 — 4 — 20	8 — 4 — 32	11 — 4 — 44
2 — 5 — 10	5 — 5 — 25	8 — 5 — 40	11 — 5 — 55
2 — 6 — 12	5 — 6 — 30	8 — 6 — 48	11 — 6 — 66
2 — 7 — 14	5 — 7 — 35	8 — 7 — 56	11 — 7 — 77
2 — 8 — 16	5 — 8 — 40	8 — 8 — 64	11 — 8 — 88
2 — 9 — 18	5 — 9 — 45	8 — 9 — 72	11 — 9 — 99
2 — 10 — 20	5 — 10 — 50	8 — 10 — 80	11 — 10 — 110
2 — 11 — 22	5 — 11 — 55	8 — 11 — 88	11 — 11 — 121
2 — 12 — 24	5 — 12 — 60	8 — 12 — 96	11 — 12 — 132
3 fois 0 font 0	6 fois 0 font 0	9 fois 0 font 0	12 fois 0 font 0
3 — 1 — 3	6 — 1 — 6	9 — 1 — 9	12 — 1 — 12
3 — 2 — 6	6 — 2 — 12	9 — 2 — 18	12 — 2 — 24
3 — 3 — 9	6 — 3 — 18	9 — 3 — 27	12 — 3 — 36
3 — 4 — 12	6 — 4 — 24	9 — 4 — 36	12 — 4 — 48
3 — 5 — 15	6 — 5 — 30	9 — 5 — 45	12 — 5 — 60
3 — 6 — 18	6 — 6 — 36	9 — 6 — 54	12 — 6 — 72
3 — 7 — 21	6 — 7 — 42	9 — 7 — 63	12 — 7 — 84
3 — 8 — 24	6 — 8 — 48	9 — 8 — 72	12 — 8 — 96
3 — 9 — 27	6 — 9 — 54	9 — 9 — 81	12 — 9 — 108
3 — 10 — 30	6 — 10 — 60	9 — 10 — 90	12 — 10 — 120
3 — 11 — 33	6 — 11 — 66	9 — 11 — 99	12 — 11 — 132
3 — 12 — 36	6 — 12 — 72	9 — 12 — 108	12 — 12 — 144

On trouve à la Librairie LEVRAULT.

COLLECTION DE M. LE CHANOINE SCHMID
avec de jolis titres et couvertures lithographiés sur papier de couleur; in-18.

HISTOIRES TIRÉES DE L'ÉCRITURE SAINTE et destinées à l'enfance: Ancien Testament.—Nouv. Testament.

CONTES POUR LES ENFANS:

Agnès ou la petite joueuse de luth.
Le bon Fridolin et le méchant Thierry; 2 vol.
La Chapelle de la forêt.
La Colombe.
La Corbeille de fleurs.
Contes à l'adolescence, t. I.
Les OEufs de Pâques.
Les petits Contes.
Nouveaux petits Contes.
Sept nouveaux Contes.
Le petit Mouton.
La Croix de bois.
L'Enfant perdu.
Fernando.
La Guirlande de houblon.
Géneviève de Brabant.
Henri d'Eichenfels.
Le jeune Ermite.
Ludovico.
Petit Théâtre de l'enfance.
Rose de Tannebourg.
Le Serin.
La Veille de Noël.
Le Ver luisant.

Historiettes pour former le cœur et l'esprit des enfans.
Les petits livres couleur de rose, par Glatz; traduit par Mme Voïart; 4 vol.
Nouvelles étrennes; 2 vol.
Minona, par Glatz; 1 vol.
Théona; 2 vol.
Pierre, ou les suites de l'ignorance.
Choix de paraboles de Krummacher, par X. Marmier.
Nouveau choix de paraboles, par le même.
Choix de fables et de contes; par le même.

Souvenirs de Moïse Mendelssohn, ou le second livret de lecture des écoles israélites; par L. M. Cottard, Recteur de l'académie de Strasbourg; in-18, avec portrait.
Rachel Otby; par le même.

Étude de la langue allemande.

Aventures de Télémaque (1.ᵉʳ et 2.ᵉ livres), avec la traduction allemande en regard ; 1 vol. in-12.
Choix de fables et de contes allemands de Lessing, Gellert, Pfeffel, Lichtwer, etc.; 1 vol. in-12.
Cours élémentaire de thêmes à traduire en allemand, suivi d'un vocabulaire; 1 vol. in-12.
Dialogues français-allemands, à l'usage des deux nations; 17.ᵉ édit. in-12.
Dictionnaire classique français-allemand, 1 vol. in-8.º
Dictionnaire de poche français-allemand, à l'usage des deux nations; 13.ᵉ édition; 2 vol. in-12.
Dictionnaire (nouveau) de poche français et allemand; 2 vol. in-12 (tout en caractères français).
Grammaire abrégée de la langue allem. extr. de celle de Gottsched, Juncker et Adelung; in-12.
Maître (le) de la langue allemande, d'après J. C. Gottsched et J. C. Adelung; 1 vol. in-12.
Morceaux choisis de littérature allemande, avec des notes et de courtes notices sur les auteurs; par J. Willm; 2 vol. in-12.
Leçons allemandes de littérature et de morale; par MM. Noël et Stœber; 3 vol. in-8.º
  On vend chaque volume séparément.
Tableaux de lecture et de traduction, français-allemand (5, dont 2 lithographiés).

LECTURE, GRAMMAIRE ET ÉCRITURE.

Syllabaire français-allemand; à l'usage des écoles primaires, in-12.
Tableaux de lecture française, 44 tableaux, plus les prières; avec le livret d'emploi.
Syllabaire, ou premier livret de lecture (contenant les tableaux avec les prières); in-12.
Second livret de lecture; in-18.
Tableaux de lecture allemande, 56 tableaux, plus les prières, avec le livret d'emploi.

Tableaux de prononciation, 23 tableaux et le livret d'emploi.

Tableaux de lecture française, composés par J. P. Schiffmacher; 12 tableaux, dont un lithographié, avec l'instruction.

Livret de lecture contenant ces tableaux; in-12.

Premières lectures françaises pour les écoles primaires, par J. Willm; in-12.

Secondes lectures françaises, à l'usage des classes supérieures des écoles primaires; in-12.

Choix de poésies, faisant suite aux Secondes lectures françaises; in-12.

Abrégé de l'histoire sainte de l'ancien testament, jusqu'à la mort de Joseph, avec traduction allemande en regard; in-12.

— 2.ᵉ partie : jusqu'à la naissance de Jésus-Christ.

— Les deux parties réunies.

Exercices de traduction, à l'usage des écoles primaires; in-12.

Morale théorique et pratique pour le premier âge, par J. M. Royer (français-allemand); in-12.

Histoires bibliques à l'usage des salles d'asile; in-18.

Recueil de 64 modèles d'écriture française et 56 d'allemande; par Schæntzlen; en feuilles.

 Les modèles français, en cahier, cartonné.

 Les modèles allemands, *idem*.

Guide pratique de l'instituteur primaire, précédé d'un aperçu sur les progrès de la pédagogie en France; par F. X. Levrault, ancien Recteur, 2.ᵉ édition in-12.

Manuel de l'instituteur primaire, ou principes généraux de pédagogie, etc., par M. Mæder; 2.ᵉ édition in-12.

Cours normal des instituteurs primaires, ou directions relatives à l'éducation physique, morale et intellectuelle dans les écoles primaires, par M. Degérando, 1 vol. in-12.

Cours normal des institutrices primaires, par M.ˡˡᵉ Sauvan; in-12.

ON TROUVE A LA MÊME LIBRAIRIE.

Ouvrages autorisés par l'Université.

HISTOIRES TIRÉES DE L'ÉCRITURE SAINTE et destinés à l'enfance, par l'auteur des OEufs de Pâques.

	br. sans fig.	cart. fig. noires.
Ancien Testament	=^{f}50^c	=^{f}75^c
Nouveau Testament	= 50	= 75

CONTES POUR LES ENFANTS :

Agnès	= 40	= 60
La Chapelle de la forêt	= 20	= 30
La Colombe	= 40	= 60
Les petits Contes	= 50	= 70
Nouveaux petits Contes	= 50	= 70
Sept petits Contes	= 40	= 65
La Corbeille de fleurs	= 50	= 80
La Croix de bois	= 30	= 50
L'Enfant perdu	= 30	= 50
Le jeune Ermite	= 40	= 60
Fernando	= 40	= 60
Le bon Fridolin ; 2 vol.	1 =	1 25
Geneviève de Brabant	= 40	= 60
Henri d'Eichenfels	= 40	= 60
Ludovico	= 40	= 60
Les OEufs de Pâques	= 40	= 60
Le petit Mouton	= 40	= 60
Rose de Tannenbourg	= 60	= 90
Le Serin	= 30	= 50
La Veille de Noël	= 40	= 60
Le Ver luisant	= 20	= 30
Historiettes, etc.	= 50	= 60

www.ingramcontent.com/pod-product-compliance
Lightning Source LLC
LaVergne TN
LVHW051503090426
835512LV00010B/2319